Impressum
Verlag: BABADADA GmbH, Nedderfeld 112 , 22529 Hamburg
Geschäftsführer / Verlagsleitung: Harald Hof
Druck: Books on Demand GmbH, In de Tarpen 42, 22848 Norderstedt

Imprint
Publisher: BABADADA GmbH, Nedderfeld 112 , 22529 Hamburg, Germany
Managing Director / Publishing direction: Harald Hof
Print: Books on Demand GmbH, In de Tarpen 42, 22848 Norderstedt

AF175690

école
σχολείο

salle de classe
σχολική τάξη

diviser
διαιρώ

$186/2$

tableau noir
πίνακας

cour de récréation
σχολική αυλή

enseignant
δάσκαλος

papier
χαρτί

écrire
γράφω

stylo
στυλό

bureau
γραφείο

règle
χάρακας

livre
βιβλίο

élève
μαθητής

sac d'école
σχολική τσάντα

trousse
κασετίνα/ μολυβοθήκη

crayon
μολύβι

taille-crayon
ξύστρα

gomme
γόμα

carnet à dessin
μπλοκ ζωγραφικής

dessin
ζωγραφική

pinceau
πινέλο

boîte de peinture
κουτί χρωμάτων

ciseaux
ψαλίδι

colle
κόλλα

cahier d'exercices
τετράδιο ασκήσεων

tâches
εργασία για το σπίτι

chiffre
αριθμός

additionner
προσθέτω

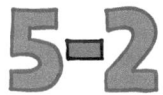

soustraire
αφαιρώ

multiplier
πολλαπλασιάζω

calculer
υπολογίζω

lettre
γράμμα

alphabet
αλφάβητο

mot
λέξη

texte
....
κείμενο

lire
....
διαβάζω

craie
....
κιμωλία

leçon
....
μάθημα

livre de classe
....
εγγράφομαι

examen
....
τεστ

certificat
....
πιστοποιητικό

uniforme scolaire
....
μαθητική στολή

formation
....
εκπαίδευση

lexique
....
εγκυκλοπαίδεια

université
....
πανεπιστήμιο

microscope
....
μικροσκόπιο

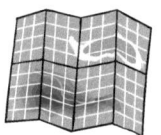

carte
....
χάρτης

corbeille à papier
....
καλάθι αχρήστων

école - σχολείο

voyage
ταξίδι

hôtel
ξενοδοχείο
Grand
auberge
ξενώνας
ROOMS
bureau de change
ανταλλακτήρια συναλλάγματος
valise
βαλίτσα
voiture
αυτοκίνητο

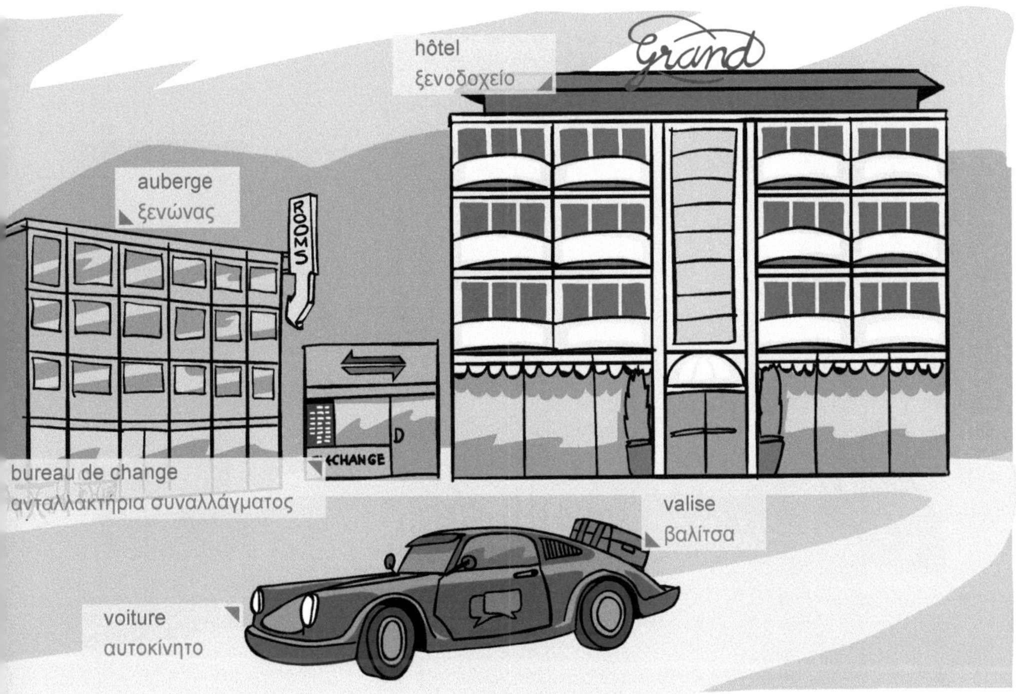

langue

γλώσσα

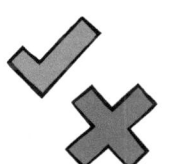

oui / non

ναι / όχι

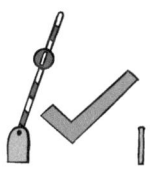

d'accord

εντάξει

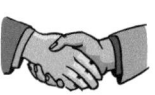

Salut

γεια σου

interprète

μεταφραστής

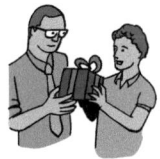

merci

Ευχαριστώ

Combien coûte...?

πόσο κάνει ;

Je ne comprends pas

Δε καταλαβαίνω

problème

πρόβλημα

Bonsoir!

Καλησπέρα!

Bonjour!

Καλημέρα!

Bonne nuit!

Καληνύχτα!

Au revoir

Αντίο

direction

κατεύθυνση

bagages

αποσκευές

sac

τσάντα

sac-à-dos

σακίδιο πλάτης

hôte

καλεσμένος

pièce

δωμάτιο

sac de couchage

υπνόσακος

tente

σκηνή

office de tourisme
τουριστικές πληροφορίες

plage
παραλία

carte de crédit
πιστωτική κάρτα

petit-déjeuner
πρωινό

déjeuner
μεσημεριανό

dîner
δείπνο

billet
εισιτήριο

ascenseur
ανελκυστήρας

timbre
γραμματόσημο

frontière
σύνορα

douane
τελωνείο

ambassade
πρεσβεία

visa
βίζα

passeport
διαβατήριο

voyage - ταξίδι

transport

μεταφορά

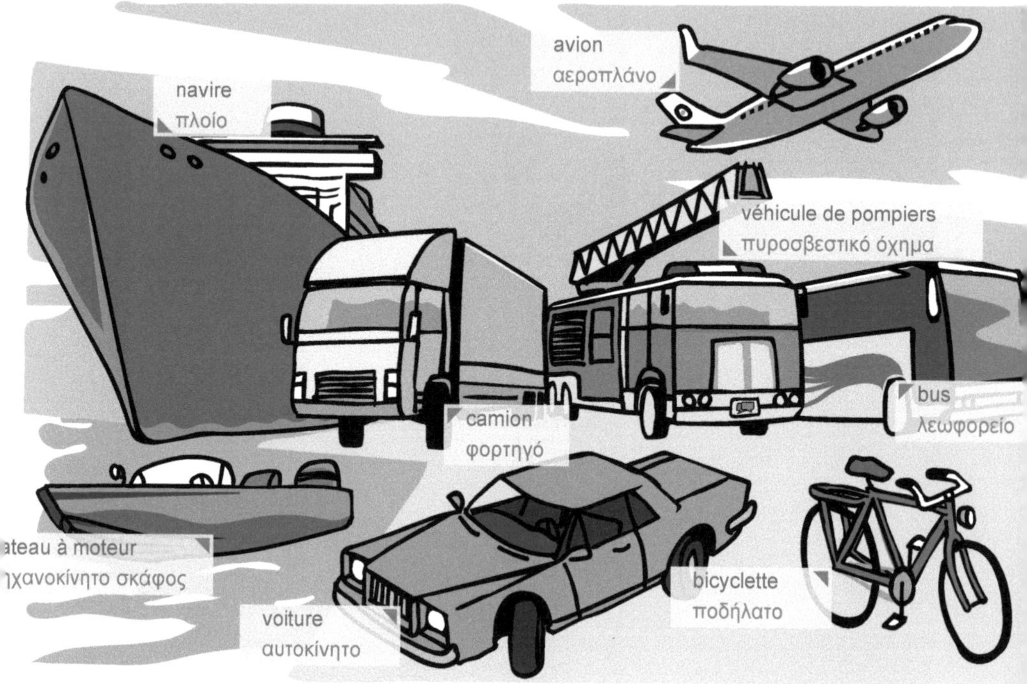
avion
αεροπλάνο
navire
πλοίο
véhicule de pompiers
πυροσβεστικό όχημα
bus
λεωφορείο
camion
φορτηγό
ateau à moteur
ιχανοκίνητο σκάφος
bicyclette
ποδήλατο
voiture
αυτοκίνητο

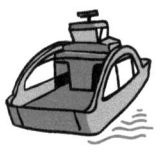

ferry

φεριμπότ

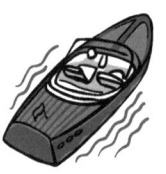

barque

βάρκα

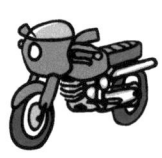

moto

μοτοσικλέτα

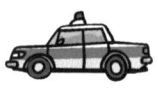

voiture de police

περιπολικό

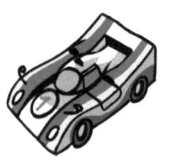

voiture de course

αγωνιστικό αυτοκίνητο

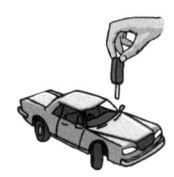

voiture de location

ενοικιαζόμενο αυτοκίνητο

autopartage

μοιρασμός αυτοκινήτων

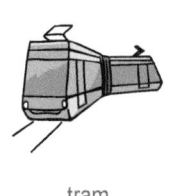

dépanneuse

γερανός

benne à ordures

απορριμματοφόρο

moteur

κινητήρας

essence

καύσιμο

station d'essence

βενζινάδικο

panneau indicateur

πινακίδα σήμανσης

trafic

κυκλοφορία

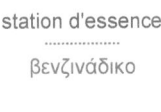

embouteillage

κυκλοφοριακή συμφόρηση

parking

χώρος στάθμευσης

gare

σιδηροδρομικός σταθμός

rails

σιδηροδρομικές γραμμές

train

τρένο

tram

τραμ

wagon

βαγόνι

hélicoptère
ελικόπτερο

aéroport
αεροδρόμιο

tour
πύργος

passager
επιβάτης

container
εμπορευματοκιβώτιο

carton
χαρτοκιβώτιο

chariot
καρότσι

corbeille
καλάθι

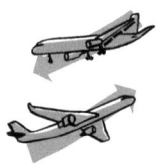

décoller / atterrir
απογειώνομαι /
προσγειόνομαι

ville

πόλη

village
χωριό

centre-ville
κέντρο της πόλης

maison
σπίτι

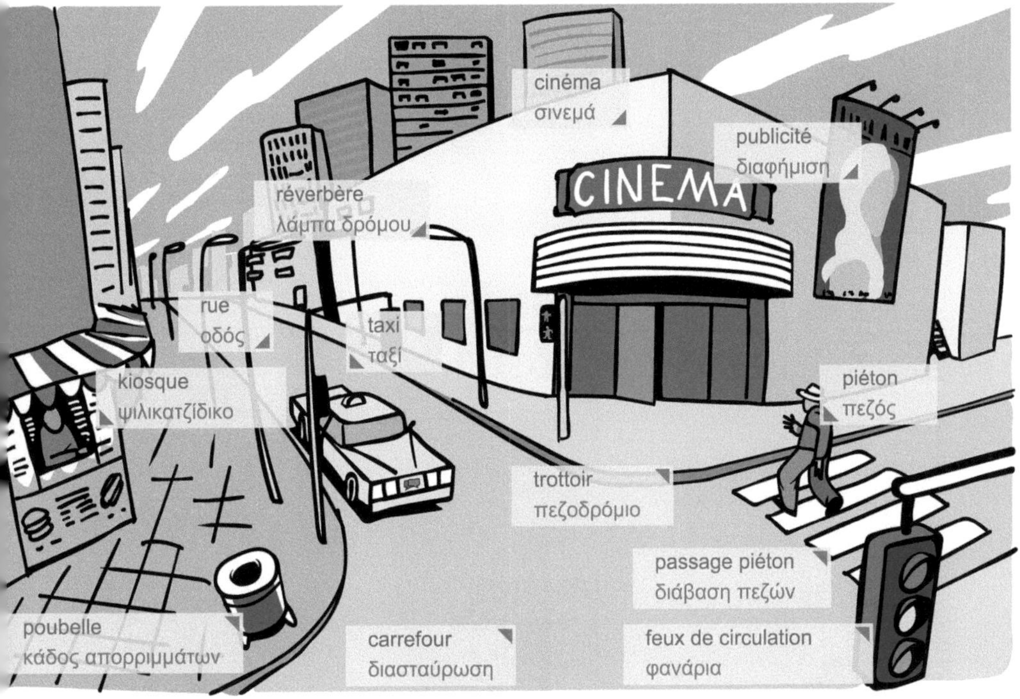

cinéma
σινεμά

publicité
διαφήμιση

réverbère
λάμπα δρόμου

CINEMA

rue
οδός

taxi
ταξί

kiosque
ψιλικατζίδικο

piéton
πεζός

trottoir
πεζοδρόμιο

passage piéton
διάβαση πεζών

poubelle
κάδος απορριμμάτων

carrefour
διασταύρωση

feux de circulation
φανάρια

cabane
καλύβα

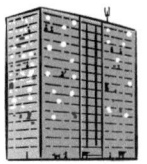

appartement
διαμέρισμα

gare
σιδηροδρομικός σταθμός

mairie
δημαρχείο

musée
μουσείο

école
σχολείο

université

πανεπιστήμιο

banque

τράπεζα

hôpital

νοσοκομείο

hôtel

ξενοδοχείο

pharmacie

φαρμακείο

bureau

γραφείο

librairie

βιβλιοπωλείο

magasin

κατάστημα

fleuriste

ανθοπωλείο

supermarché

σούπερ μάρκετ

marché

αγορά

grand magasin

πολυκατάστημα

poissonnerie

ιχθυοπωλείο

centre commercial

εμπορικό κέντρο

port

λιμάνι

ville - πόλη

parc

πάρκο

banque

παγκάκι

pont

γέφυρα

escaliers

σκάλες

métro

μετρό

tunnel

τούνελ

arrêt de bus

στάση λεωφορείου

bar

μπαρ

restaurant

εστιατόριο

boîte à lettres

γραμματοκιβώτιο

panneau indicateur

πινακίδα δρόμου

parcomètre

παρκόμετρο

zoo

ζωολογικός κήπος

réverbère

πισίνα

mosquée

τζαμί

ferme
αγρόκτημα

pollution
ρύπανση

cimetière
νεκροταφείο

église
εκκλησία

aire de jeux
παιδική χαρά

temple
ναός

paysage
τοπίο

feuille
φύλλο

panneau indicateur
πινακίδα κατεύθυνσης

chemin
δρόμος

pré
λιβάδι

pierre
πέτρα

arbre
δέντρο

randonneur
πεζοπόρος

rivière
ποτάμι

herbe
χορτάρι

fleur
λουλούδι

vallée

κοιλάδα

montagne

λόφος

lac

λίμνη

forêt

δάσος

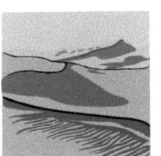

désert

έρημος

volcan

ηφαίστειο

château

κάστρο

arc-en-ciel

ουράνιο τόξο

champignon

μανιτάρι

palmier

φοίνικας

moustique

κουνούπι

mouche

μύγα

fourmis

μυρμήγκι

abeille

μέλισσα

araignée

αράχνη

scarabée
σκαθάρι

grenouille
βάτραχος

écureuil
σκίουρος

hérisson
σκαντζόχοιρος

lapin
λαγός

chouette
κουκουβάγια

oiseau
πουλί

cygne
κύκνος

sanglier
αγριογούρουνο

cerf
ελάφι

élan
άλκη

barrage
φράγμα

éolienne
ανεμογεννήτρια

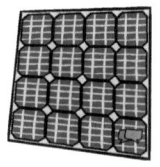

panneau solaire
ηλιακός συλλέκτης

climat
κλίμα

paysage - τοπίο

restaurant
εστιατόριο

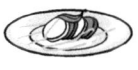

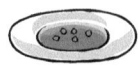

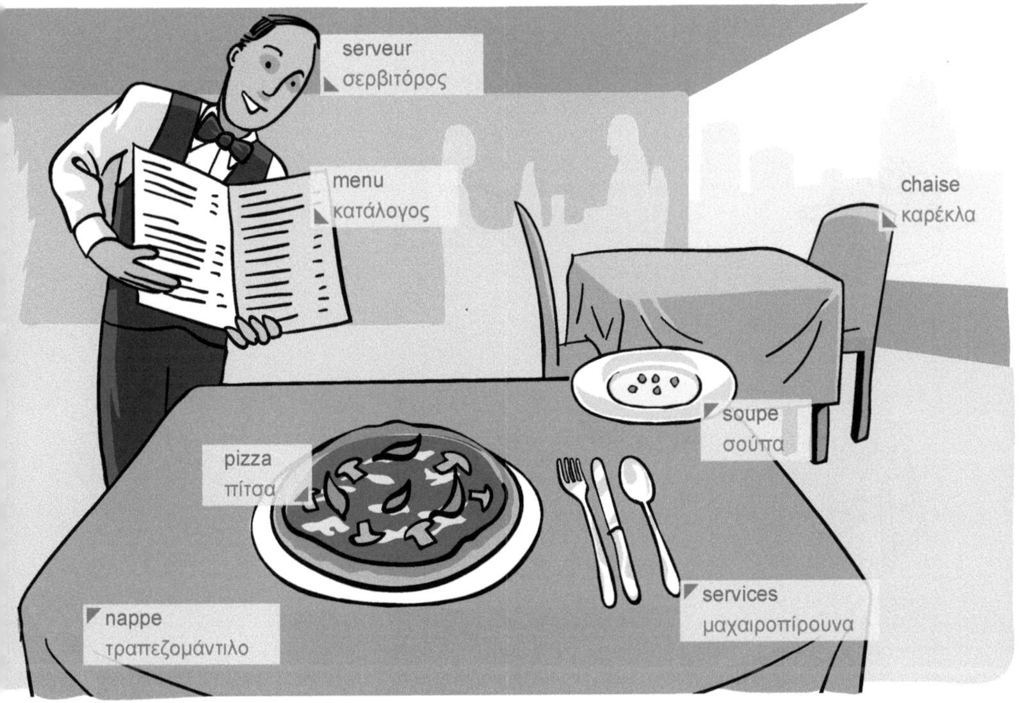

serveur
σερβιτόρος
menu
κατάλογος
chaise
καρέκλα
soupe
σούπα
pizza
πίτσα
services
μαχαιροπίρουνα
nappe
τραπεζομάντιλο

hors d'œuvre

ορεκτικό

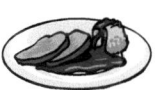

plat principal

κύριο πιάτο

dessert

επιδόρπιο

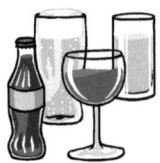

boissons

ποτά

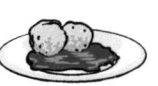

alimentation

φαγητό

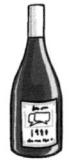

bouteille

μπουκάλι

fast-food

φαστ φουντ

plats à emporter

φαγητό στ' όρθιο

théière

τσαγιέρα

sucrier

δοχείο ζάχαρης

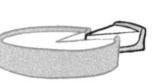

portion

μερίδα

machine à expresso

μηχανή εσπρέσο

chaise haute

ψηλή καρέκλα

facture

λογαριασμός

plateau

δίσκος

couteau

μαχαίρι

fourchette

πιρούνι

cuillère

κουτάλι

cuillère à thé

κουταλάκι του τσαγιού

serviette

πετσέτα φαγητού

verre

ποτήρι

restaurant - εστιατόριο

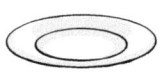

assiette

πιάτο

assiette à soupe

πιάτο σούπας

soucoupe

πιατάκι φλιτζανιού

sauce

σάλτσα

salière

αλατιέρα

moulin à poivre

μύλος για πιπέρι

vinaigre

ξύδι

huile

λάδι

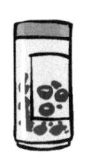

épices

μπαχαρικά

ketchup

κέτσαπ

moutarde

μουστάρδα

mayonnaise

μαγιονέζα

supermarché
σούπερ μάρκετ

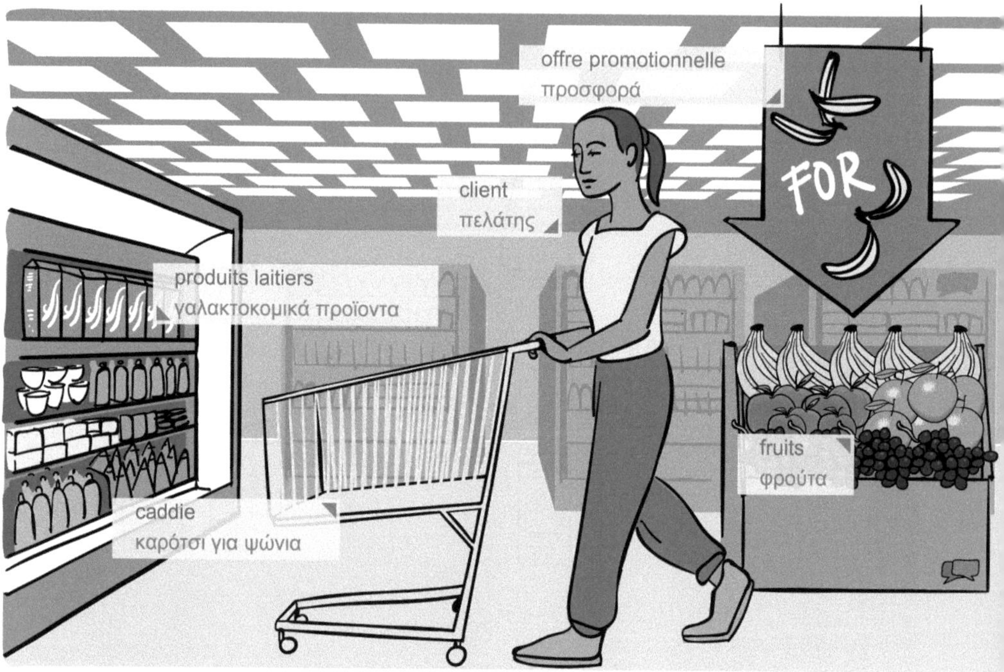

offre promotionnelle
προσφορά
FOR
client
πελάτης
produits laitiers
γαλακτοκομικά προϊόντα
fruits
φρούτα
caddie
καρότσι για ψώνια

BUTCHERS

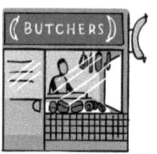

boucherie

κρεοπωλείο

BAKERY

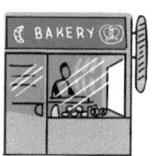

boulangerie

φούρνος

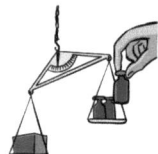

peser

ζυγίζω

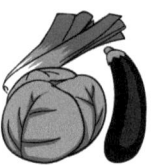

légumes

λαχανικά

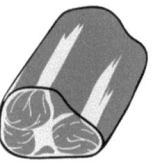

viande

κρέας

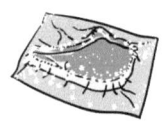

aliments surgelés

κατεψυγμένα τρόφιμα

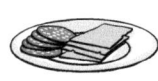

charcuterie
αλλαντικά

conserves
κονσερβοποιημένη τροφή

poudre à lessive
απορρυπαντικό ρούχων

bonbons
γλυκά

articménagers
οικιακά είδη

détergents
καθαριστικά προϊόντα

vendeuse
πωλήτρια

caisse
ταμείο

caissier
ταμίας

liste d'achats
λίστα για ψώνια

heures d'ouverture
ωράριο λειτουργίας

portefeuille
πορτοφόλι

carte de crédit
πιστωτική κάρτα

sac
τσάντα

sac en plastique
πλαστική σακούλα

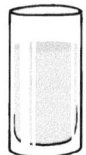

eau

νερό

jus de fruit

χυμός

lait

γάλα

coca

κόκα κόλα

vin

κρασί

bière

μπίρα

alcool

αλκοόλ

chocolat chaud

κακάο

thé

τσάι

café

καφές

expresso

εσπρέσο

cappuccino

καπουτσίνο

banane

μπανάνα

pomme

μήλο

orange

πορτοκάλι

melon

πεπόνι

citron

λεμόνι

carotte

καρότο

ail

σκόρδο

bambou

μπαμπού

oignon

κρεμμύδι

champignon

μανιτάρι

noisettes

ξηροί καρποί

pâtes

νουντλς

spaghettis

μακαρόνια

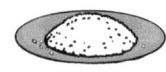

riz

ρύζι

salade

σαλάτα

frites

πατατάκια

pommes de terre rôties

τηγανητές πατάτες

pizza

πίτσα

hamburger

χάμπουργκερ

sandwich

σάντουιτς

escalope

κοτολέτα

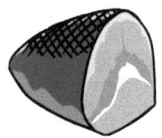

jambon

ζαμπόν

salami

σαλάμι

saucisse

λουκάνικο

poulet

κοτόπουλο

rôti

ψητό

poisson

ψάρι

flocons d'avoine

χυλός βρώμης

muesli

μούσλι

cornflakes

κορν φλέικς

farine

αλεύρι

croissant

κρουασάν

petits-pains

ψωμάκι

pain

ψωμί

pain grillé

τοστ

biscuits

μπισκότα

beurre

βούτυρο

fromage blanc

τυρόπηγμα

gâteau

κέικ

œuf

αυγό

œuf au plat

τηγανητό αυγό

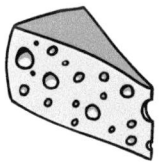

fromage

τυρί

glace

παγωτό

sucre

ζάχαρη

miel

μέλι

confiture

μαρμελάδα

crème nougat

άλλειμμα σοκολάτας

curry

κάρυ

ferme
αγρόκτημα

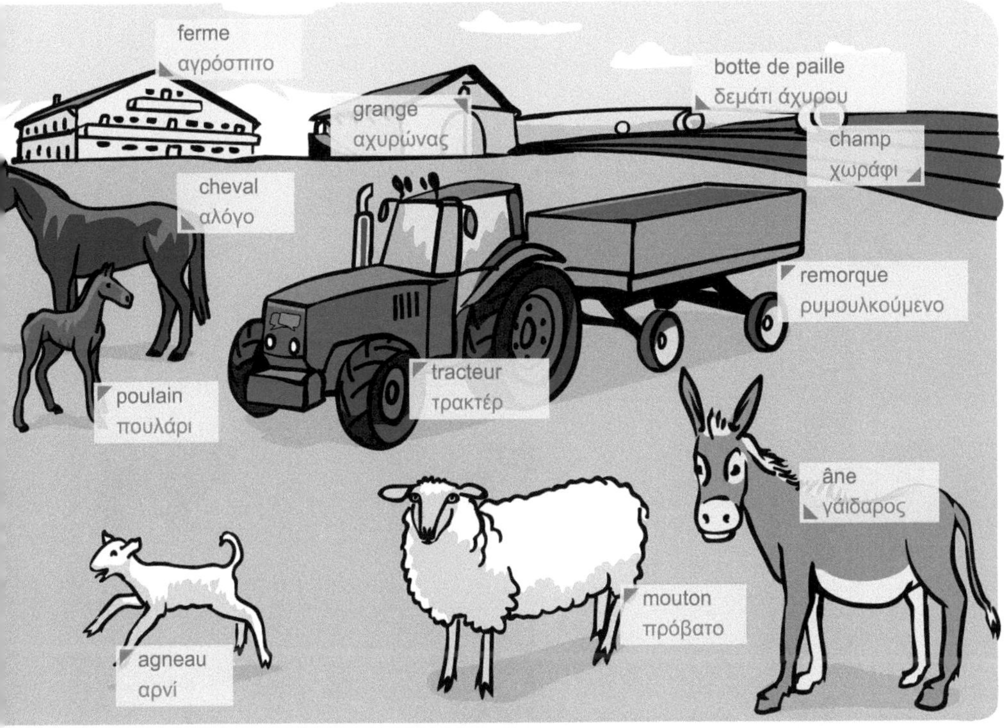

ferme
αγρόσπιτο
grange
αχυρώνας
botte de paille
δεμάτι άχυρου
champ
χωράφι
cheval
αλόγο
remorque
ρυμουλκούμενο
tracteur
τρακτέρ
poulain
πουλάρι
âne
γάιδαρος
mouton
πρόβατο
agneau
αρνί

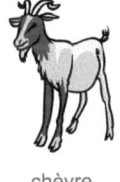

chèvre

κατσίκα

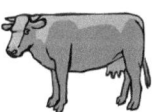

vache

αγελάδα

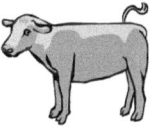

veau

μοσχαράκι

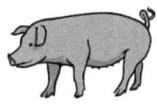

porc

γουρούνι

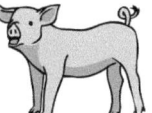

porcelet

γουρουνάκι

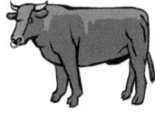

taureau

ταύρος

oie
χήνα

canard
πάπια

poussin
κοτοπουλάκι

poule
κότα

coq
κόκορας

rat
αρουραίος

chat
γάτα

souris
ποντίκι

bœuf
βόδι

chien
σκύλος

chenil
σπιτάκι σκύλου

tuyau de jardin
λάστιχο κήπου

arrosoir
ποτιστήρι

faucheuse
θεριστήρι

charrue
αλέτρι

faucille

δρεπάνι

pioche

τσάπα

fourche

δίκρανο

hache

τσεκούρι

brouette

χειράμαξα

cuve

ταΐστρα

pot à lait

δοχείο γάλακτος

sac

σάκος

clôture

φράχτης

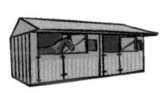

étable

στάβλος

serre

θερμοκήπιο

sol

έδαφος

semences

σπόρος

engrais

λίπασμα

moissonneuse-batteuse

θεριζοαλωνιστική μηχανή

ferme - αγρόκτημα

récolter

θερίζω

récolte

συγκομιδή

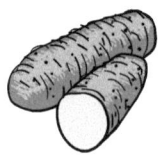

igname

γιαμς

blé

σιτάρι

soja

σόγια

pomme de terre

πατάτα

maïs

καλαμπόκι

colza

κράμβη

arbre fruitier

οπωροφόρο δέντρο

manioc

μανιόκα

céréales

δημητριακά

ferme - αγρόκτημα

maison
σπίτι

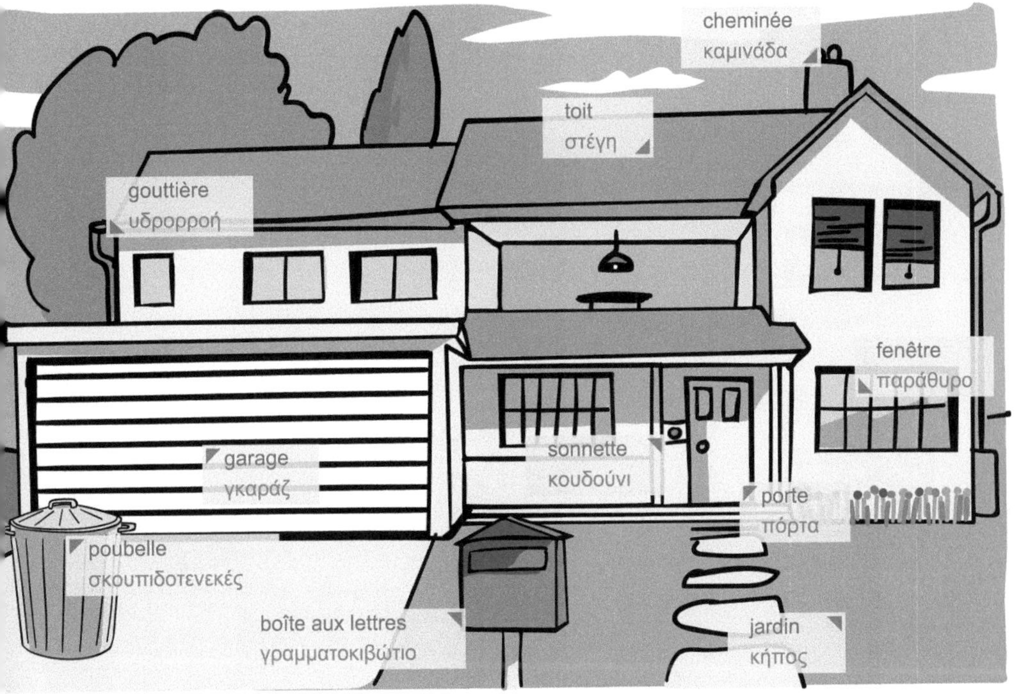
cheminée
καμινάδα
toit
στέγη
gouttière
υδρορροή
fenêtre
παράθυρο
garage
γκαράζ
sonnette
κουδούνι
porte
πόρτα
poubelle
σκουπιδοτενεκές
boîte aux lettres
γραμματοκιβώτιο
jardin
κήπος

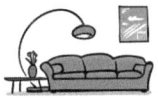

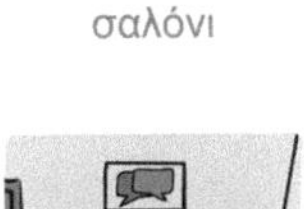

salon
σαλόνι

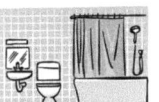

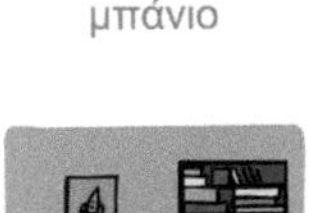

chambre de bain
μπάνιο

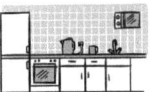

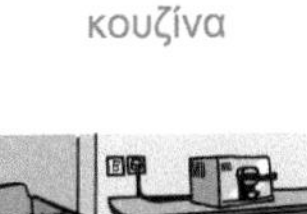

cuisine
κουζίνα

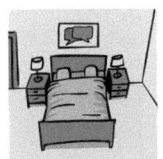

chambre à coucher
υπνοδωμάτιο

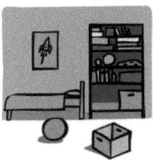

chambre d'enfant
παιδικό δωμάτιο

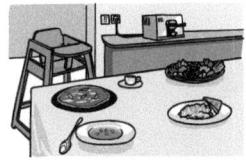

salle à manger
τραπεζαρία

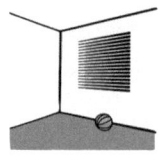

sol
πάτωμα

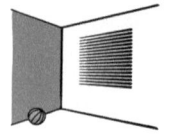

mur
τοίχος

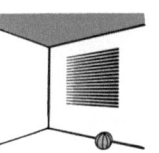

plafond
οροφή

cave
κελάρι

sauna
σάουνα

balcon
μπαλκόνι

terrasse
βεράντα

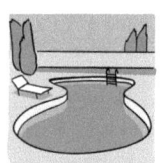

piscine
πισίνα

tondeuse à gazon
μηχανή του γκαζόν

fourre de duvet
σεντόνι

couette
κάλυμμα κρεβατιού

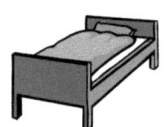

lit
κρεβάτι

balai
σκούπα

sceau
κουβάς

interrupteur
διακόπτης

salon
σαλόνι

papier peint
ταπετσαρία
image
φωτογραφία
lampe
λάμπα
étagère
ράφι
armoire
ντουλάπι
télé
τηλεόραση
cheminée
τζάκι
fleur
λουλούδι
coussin
μαξιλάρι
canapé
καναπές
vase
βάζο
télécommande
τηλεκοντρόλ

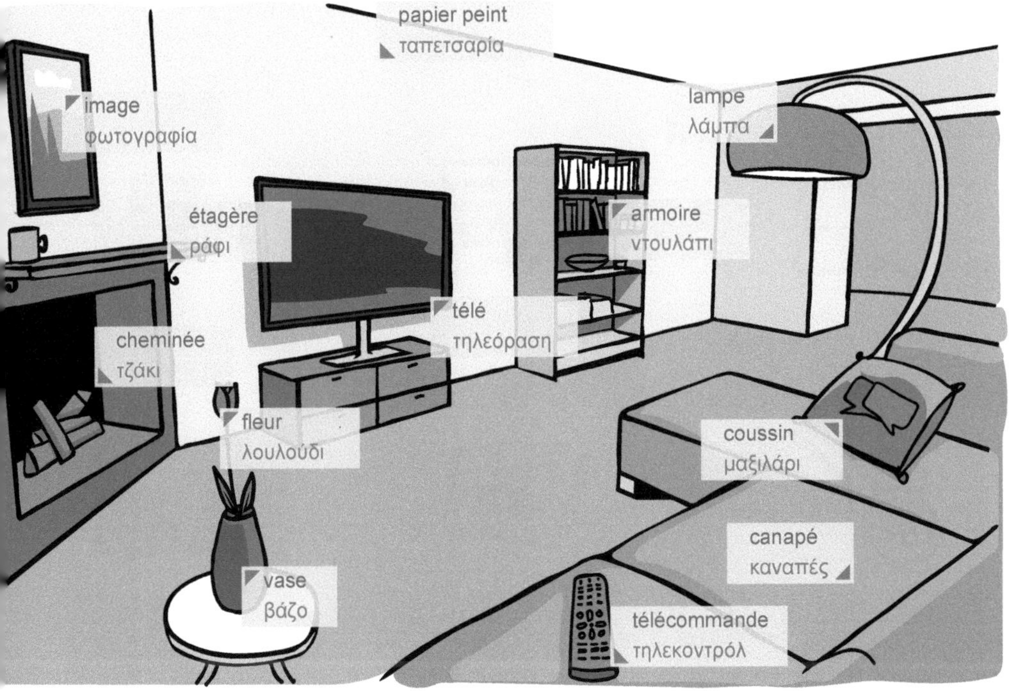

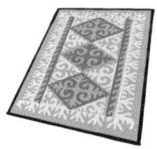

tapis
χαλί

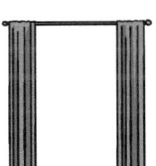

rideau
κουρτίνα

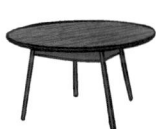

table
τραπέζι

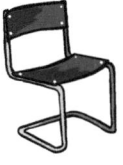

chaise
καρέκλα

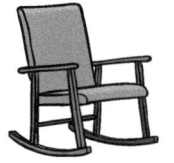

chaise à bascule
κουνιστή πολυθρόνα

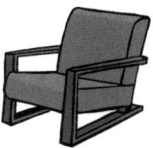

fauteuil
πολυθρόνα

livre

βιβλίο

couverture

κουβέρτα

décoration

διακόσμηση

bois de chauffage

καυσόξυλα

film

ταινία

chaîne hi-fi

στερεοφωνικό σύστημα

clé

κλειδί

journal

εφημερίδα

peinture

πίνακας ζωγραφικής

poster

αφίσα

radio

ραδιόφωνο

bloc-notes

σημειωματάριο

aspirateur

ηλεκτρική σκούπα

cactus

κάκτος

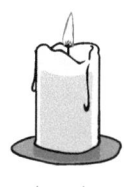

bougie

κερί

cuisine
κουζίνα

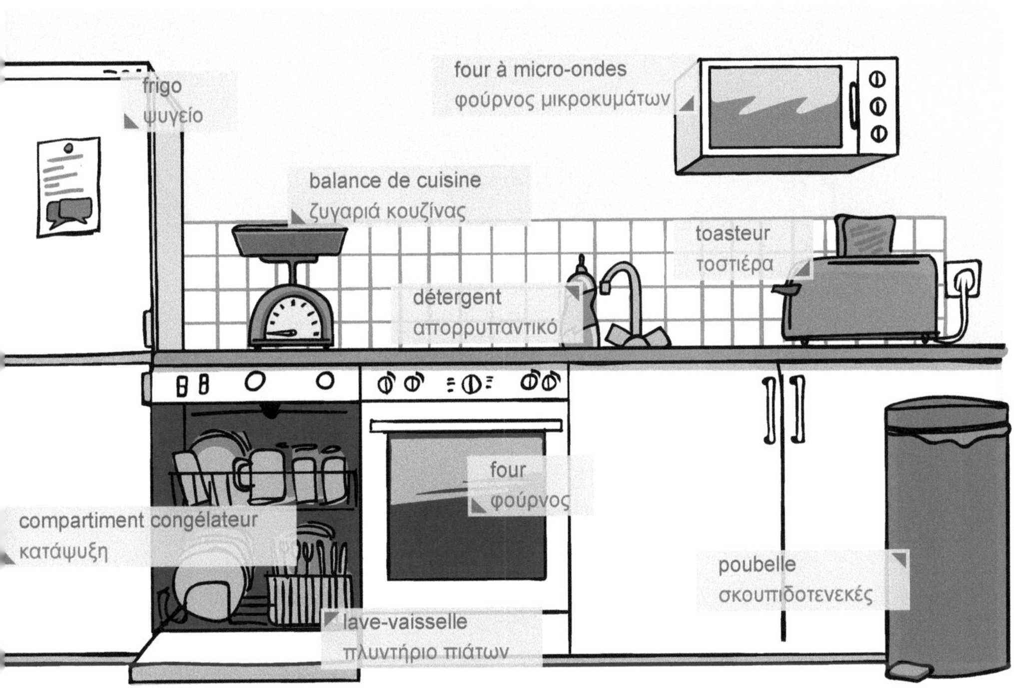
frigo
ψυγείο
four à micro-ondes
φούρνος μικροκυμάτων
balance de cuisine
ζυγαριά κουζίνας
toasteur
τοστιέρα
détergent
απορρυπαντικό
four
φούρνος
compartiment congélateur
κατάψυξη
poubelle
σκουπιδοτενεκές
lave-vaisselle
πλυντήριο πιάτων

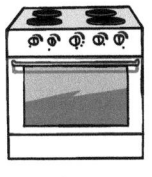

four
κουζίνα

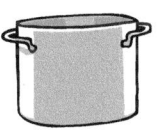

casserole
κατσαρόλα

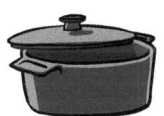

marmite
μαντεμένια κατσαρόλα

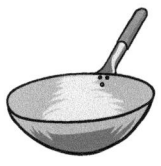

wok/kadai
γουόκ/καντάι

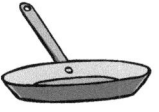

poêle
τηγάνι

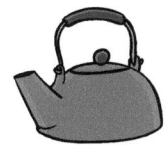

bouilloire électrique
βραστήρας

cuiseur vapeur

ατμομάγειρας

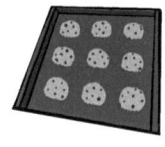

plaque de cuisson

ταψί

vaisselle

πιατικά

gobelet

κούπα

bol

μπολ

baguettes

ξυλάκια

louche

κουτάλα

spatule

σπάτουλα

fouet

ανακατεύω

passoire

σουρωτήρι

tamis

σουρωτηράκι

râpe

τρίφτης

mortier

γουδί

barbecue

ψησταριά

cheminée

ανοιχτή φωτιά

cuisine - κουζίνα

planche à découper
σανίδα κοπής

rouleau à pâtisserie
πλάστης

tire-bouchon
ανοιχτήρι φελλών

boîte
κονσέρβα

ouvre-boîte
ανοιχτήρι κονσέρβας

maniques
γάντι φούρνου

lavabo
νεροχύτης

brosse
βούρτσα

éponge
σφουγγάρι

mixeur
μπλέντερ

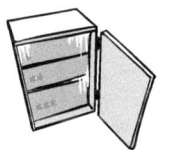

congélateur
καταψύκτης

biberon
μπιμπερό

robinet
βρύση

chambre de bain
μπάνιο

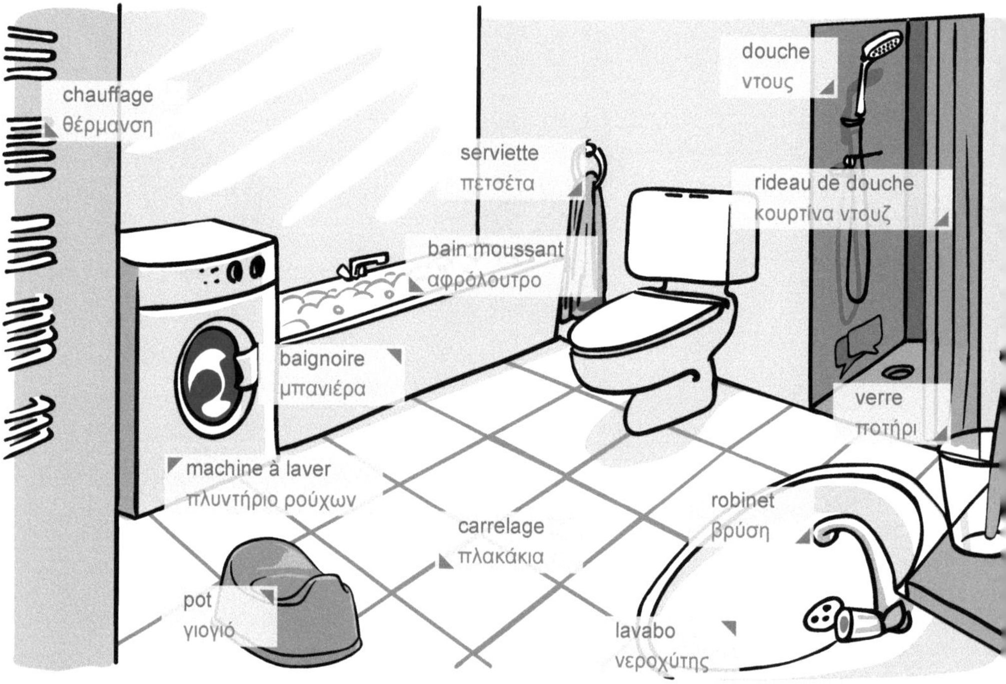

douche
ντους
chauffage
θέρμανση
serviette
πετσέτα
rideau de douche
κουρτίνα ντουζ
bain moussant
αφρόλουτρο
baignoire
μπανιέρα
verre
ποτήρι
machine à laver
πλυντήριο ρούχων
robinet
βρύση
carrelage
πλακάκια
pot
γιογιό
lavabo
νεροχύτης

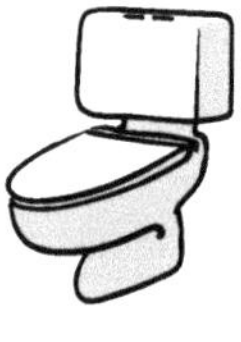
toilettes
τουαλέτα

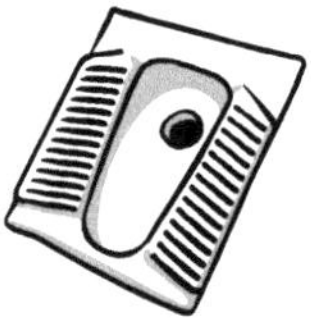
toilette à turque
τούρκικη τουαλέτα

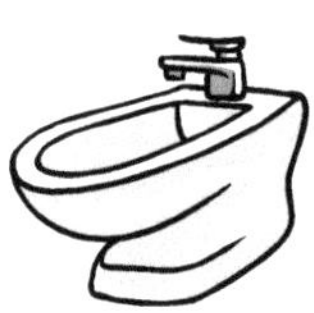
bidet
μπιντές

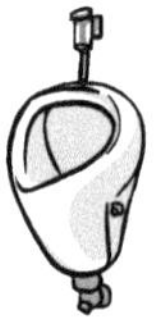
urinoir
ουρητήριο

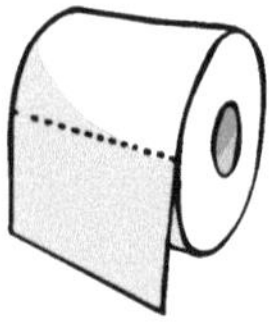
papier toilette
χαρτί υγείας

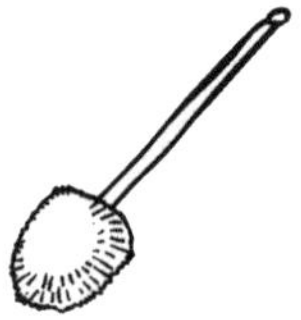
brosse à toilette
πιγκάλ

brosse à dents

οδοντόβουρτσα

dentifrice

οδοντόκρεμα

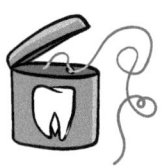

fil dentaire

οδοντικό νήμα

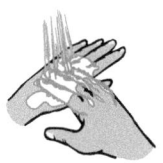

laver

πλένω

douche manuelle

τηλέφωνο ντους

douche intime

ντουσιέρα

vasque

λεκάνη

brosse dorsale

βούρτσα πλάτης

savon

σαπούνι

gel douche

αφρόλουτρο

shampooing

σαμπουάν

gant de toilette

φανέλα

écoulement

σιφόνι

crème

κρέμα

déodorant

αποσμητικό

miroir
καθρέφτης

miroir cosmétique
καθρέφτης χειρός

rasoir
ξυραφάκι

mousse à raser
αφρός ξυρίσματος

après-rasage
αφτερσέιβ

peigne
χτένα

brosse
βούρτσα

sèche-cheveux
σεσουάρ

laque pour cheveux
λακ

fond de teint
μακιγιάζ

rouge à lèvres
κραγιόν

vernis à ongles
βερνίκι νυχιών

ouate
βαμβάκι

coupe-ongles
ψαλίδι νυχιών

parfum
άρωμα

trousse de toilette
....
νεσεσέρ

tabouret
....
σκαμπό

balance
....
ζυγαριά

peignoir
....
μπουρνούζι

gants de nettoyage
....
ελαστικά γάντια

tampon
....
ταμπόν

serviettes hygiéniques
....
πετσέτα υγιεινής

toilette chimique
....
χημική τουαλέτα

chambre d'enfant
παιδικό δωμάτιο

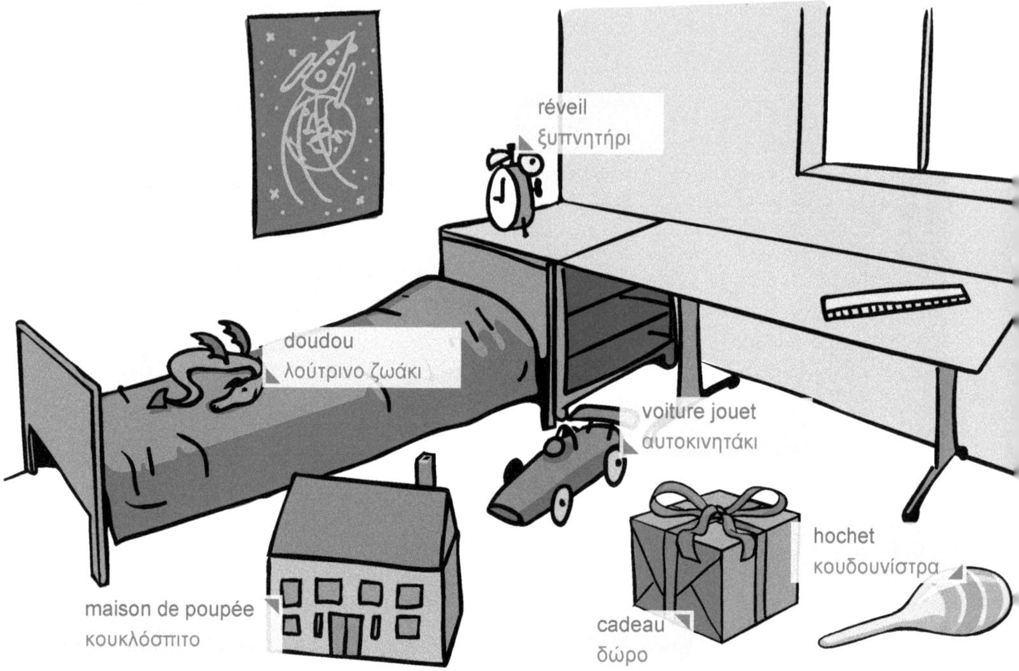
réveil
ξυπνητήρι
doudou
λούτρινο ζωάκι
voiture jouet
αυτοκινητάκι
hochet
κουδουνίστρα
maison de poupée
κουκλόσπιτο
cadeau
δώρο

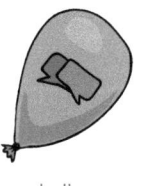

ballon
μπαλόνι

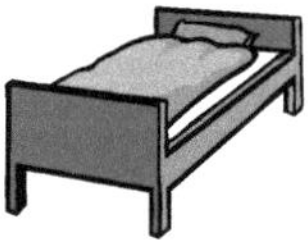

lit
κρεβάτι

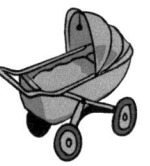

poussette
καροτσάκι

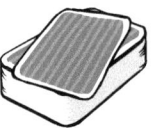

jeu de cartes
τράπουλα

puzzle
παζλ

SUPER
MEGA

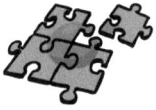

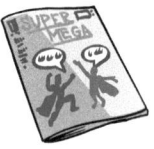

bande dessinée
κόμικς

pièces lego

τουβλάκια lego

blocs de construction

τουβλάκια κατασκευών

figurine

φιγούρα δράσης

grenouillère

βρεφικό φορμάκι

frisbee

φρίσμπι

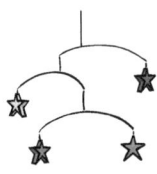

mobile

μόμπιλο

jeu de société

επιτραπέζιο παιχνίδι

dé

ζάρια

train miniature

σετ τρενάκι

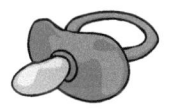

sucette

πιπίλα

fête

πάρτι

livre d'images

εικονογραφημένο βιβλίο

balle

μπάλα

poupée

κούκλα

jouer

παίζω

bac à sable

σκάμμα με άμμο

balançoire

κούνια

jouets

παιχνίδια

console de jeu

κονσόλα βιντεοπαιχνιδιών

tricycle

τρίκυκλο

ours en peluche

αρκουδάκι

armoire

ντουλάπα

vêtements
ρούχα

chaussettes

κάλτσες

bas

καλτσοδέτες

collant

καλσόν

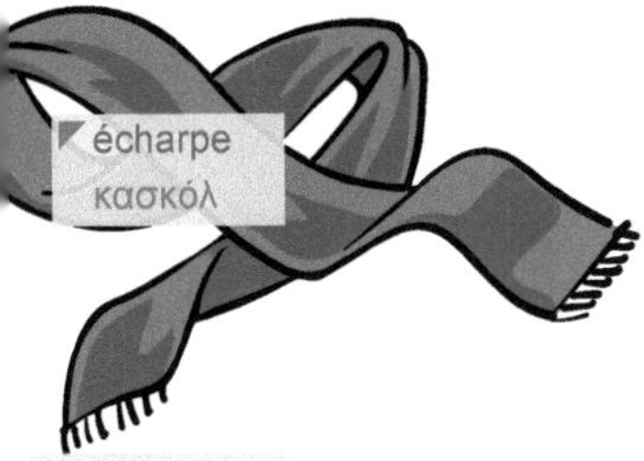

écharpe
κασκόλ

parapluie
ομπρέλα

ceinture
ζώνη

t-shirt
μπλουζάκι

bottes
μπότες

pantoufles
παντόφλες

baskets
αθλητικά παπούτσια

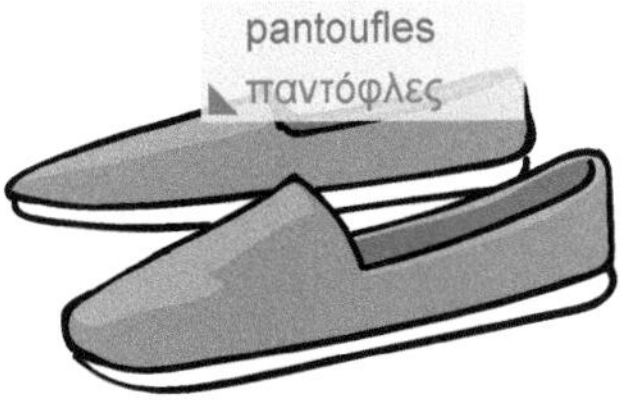

sandales
σανδάλια

chaussures
παπούτσια

bottes de caoutchouc
γαλότσες

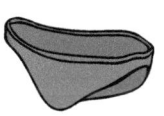

linge de corps
εσώρουχο

soutien-gorge
σουτιέν

maillot de corps
φανέλα

body
σώμα

pantalon
παντελόνι

jean
τζιν παντελόνι

jupe
φούστα

chemisier
μπλούζα

chemise
πουκάμισο

pull
πουλόβερ

pull-over à capuche
πουλόβερ

veste
σακάκι

veste
μπουφάν

manteau
παλτό

imperméable
αδιάβροχο πανωφόρι

costume
κοστούμι

robe
φόρεμα

robe de mariée
νυφικό

costume
κοστούμι

chemise de nuit
νυχτικό

pyjama
πιτζάμες

sari
σάρι

foulard
μαντήλι

turban
τουρμπάνι

burqa
μπούρκα

caftan
καφτάνι

abaya
μουσουλμανικό ένδυμα

maillot de bain
ολόσωμο μαγιό

costume de bain
ανδρικό μαγιό

cuissettes
σορτς

tenue d'entraînement
αθλητική φόρμα

tablier
ποδιά

gants
γάντια

bouton
κουμπί

lunettes
γυαλιά

bracelet
βραχιόλι

collier
περιδέραιο

bague
δαχτυλίδι

boucle d'oreille
σκουλαρίκι

bonnet
καπέλο

cintre
κρεμάστρα

chapeau
καπέλο

cravate
γραβάτα

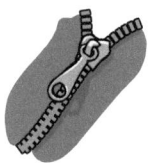

fermeture éclair
φερμουάρ

casque
κράνος

bretelles
τιράντες

uniforme scolaire
μαθητική στολή

uniforme
στολή

bavoir

σαλιάρα

sucette

πιπίλα

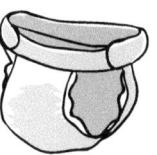

couche

πάνα

bureau
γραφείο

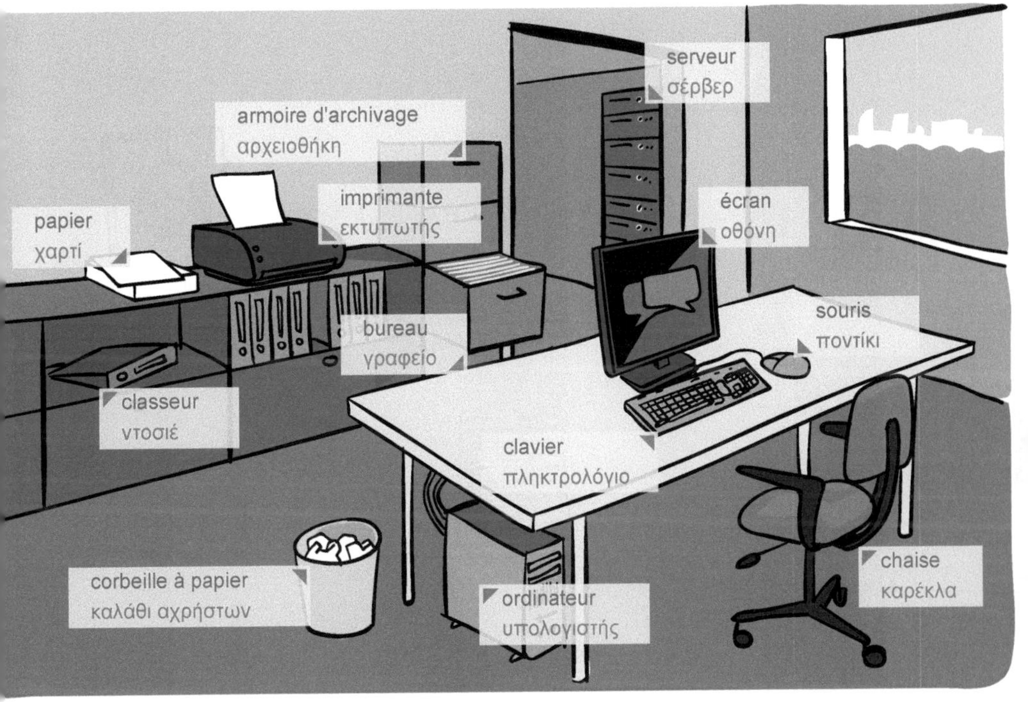

serveur
σέρβερ

armoire d'archivage
αρχειοθήκη

imprimante
εκτυπωτής

écran
οθόνη

papier
χαρτί

bureau
γραφείο

souris
ποντίκι

classeur
ντοσιέ

clavier
πληκτρολόγιο

corbeille à papier
καλάθι αχρήστων

ordinateur
υπολογιστής

chaise
καρέκλα

tasse à café

κούπα του καφέ

calculatrice

κομπιουτεράκι

internet

ίντερνετ

ordinateur portable

λάπτοπ

lettre

γράμμα

message

μήνυμα

portable

κινητό

réseau

δίκτυο

photocopieuse

φωτοτυπικό μηχάνημα

logiciel

λογισμικό

téléphone

τηλέφωνο

prise

πρίζα

fax

συσκευή φαξ

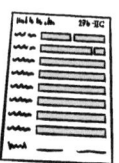

formulaire

έντυπο

document

έγγραφο

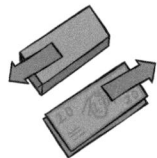

acheter

αγοράζω

payer

πληρώνω

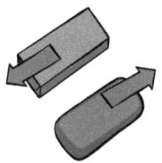

marchander

συναλλάσσομαι

monnaie

χρήματα

USD

dollar

δολάριο

EUR

euro

ευρώ

JPY

yen

γιεν

RUB

rouble

ρούβλι

CHF

franc suisse

ελβετικό φράγκο

CNY

renminbi yuan

ρενμίνμπι γιουάν

INR

roupie

ρουπία

distributeur automatique

ATM (αυτόματη ταμειακή μηχανή)

bureau de change

ανταλλακτήρια
συναλλάγματος

or

χρυσός

argent

ασήμι

pétrole

πετρέλαιο

énergie

ενέργεια

prix

τιμή

contrat

συμβόλαιο

taxe

φόρος

action

μετοχή

travailler

δουλεύω

employé

υπάλληλος

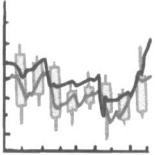

employeur

εργοδότης

usine

εργοστάσιο

magasin

κατάστημα

professions
επαγγέλματα

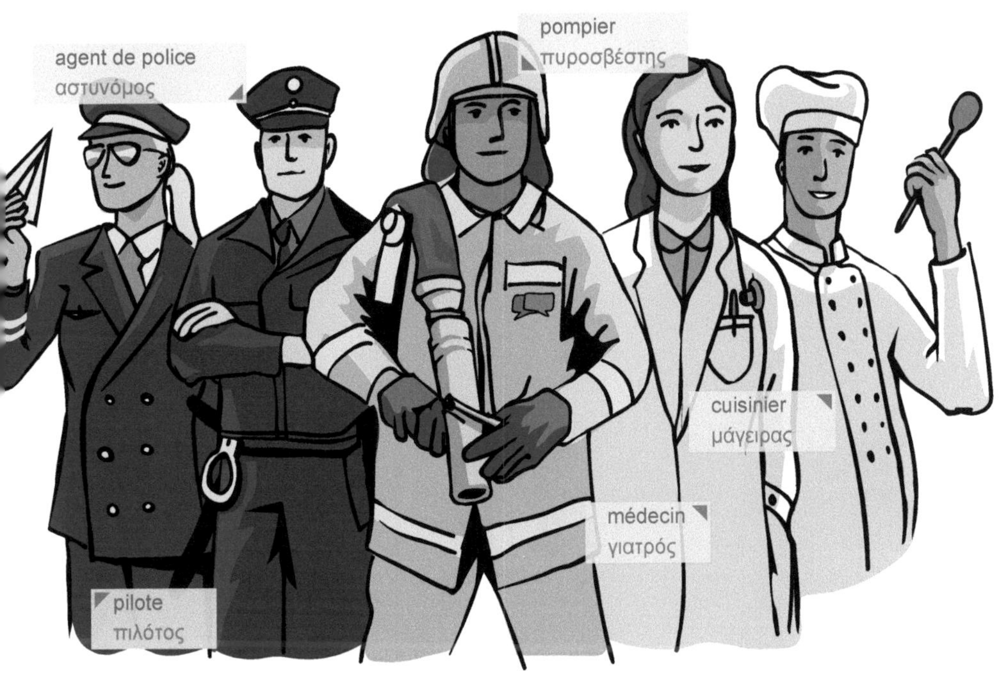

agent de police
αστυνόμος
pompier
πυροσβέστης
cuisinier
μάγειρας
médecin
γιατρός
pilote
πιλότος

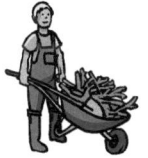

jardinier

κηπουρός

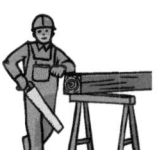

menuisier

ξυλουργός

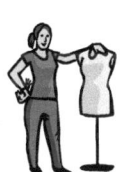

couturière

μοδίστρα

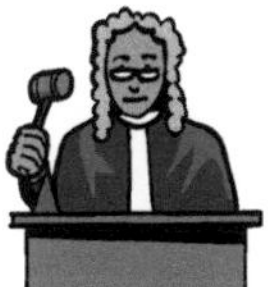

juge

δικαστής

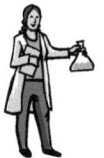

chimiste

χημικός

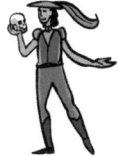

acteur

ηθοποιός

conducteur de bus

οδηγός λεωφορείου

chauffeur de taxi

ταξιτζής

pêcheur

ψαράς

femme de ménage

καθαρίστρια

couvreur

τεχνίτης στεγών

serveur

σερβιτόρος

chasseur

κυνηγός

peintre

ζωγράφος

boulanger

αρτοποιός

électricien

ηλεκτρολόγος

ouvrier

οικοδόμος

ingénieur

μηχανολόγος

boucher

κρεοπώλης

plombier

υδραυλικός

facteur

ταχυδρόμος

soldat
στρατιώτης

architecte
αρχιτέκτονας

caissier
ταμίας

fleuriste
ανθοπώλης

coiffeur
κομμωτής

contrôleur
ελεγκτής εισιτηρίων

mécanicien
μηχανικός

capitaine
καπετάνιος

dentiste
οδοντίατρος

scientifique
επιστήμονας

rabbin
ραβίνος

imam
ιμάμης

moine
μοναχός

prêtre
ιερέας

professions - επαγγέλματα

outils
εργαλεία

pinces
πένσα
marteau
σφυρί
tournevis
κατσαβίδι
clé
Γαλλικό κλειδί
torche
φακός

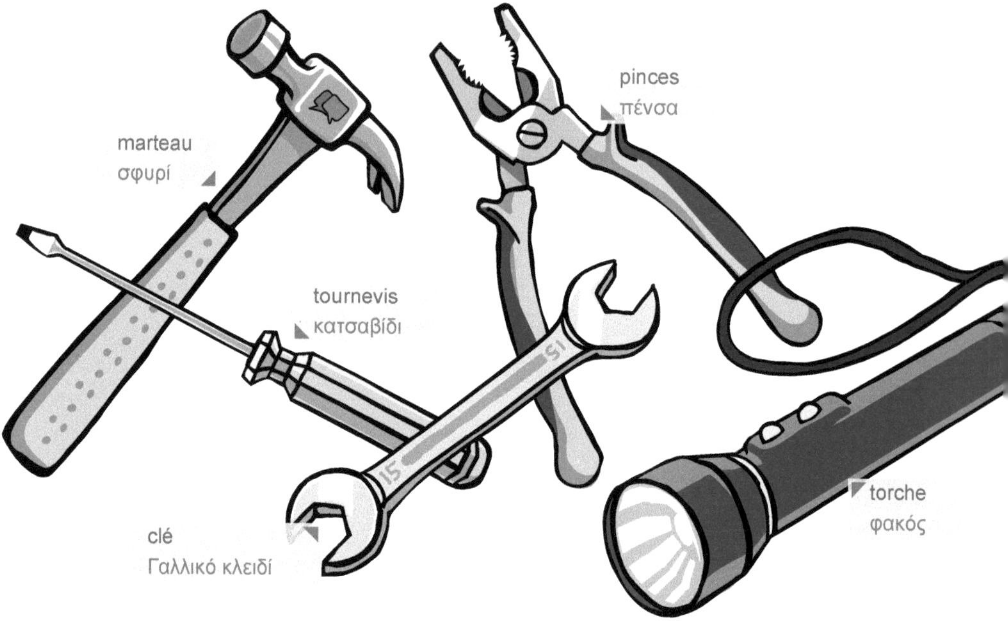

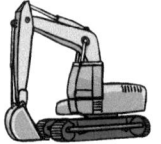

pelleteuse

εκσκαφέας

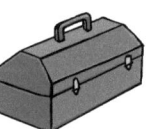

boîte à outils

εργαλειοθήκη

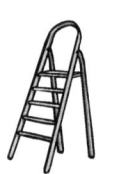

échelle

σκάλα

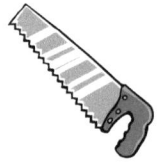

scie

πριόνι

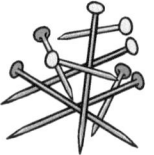

clous

καρφιά

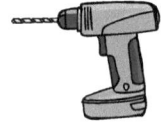

perceuse

τρυπάνι

réparer

επισκευάζω

pelle

φτυάρι

Mince!

Να πάρει!

pelle

φαράσι

pot de peinture

δοχείο χρωμάτων

vis

βίδες

instruments de musique
μουσικά όργανα

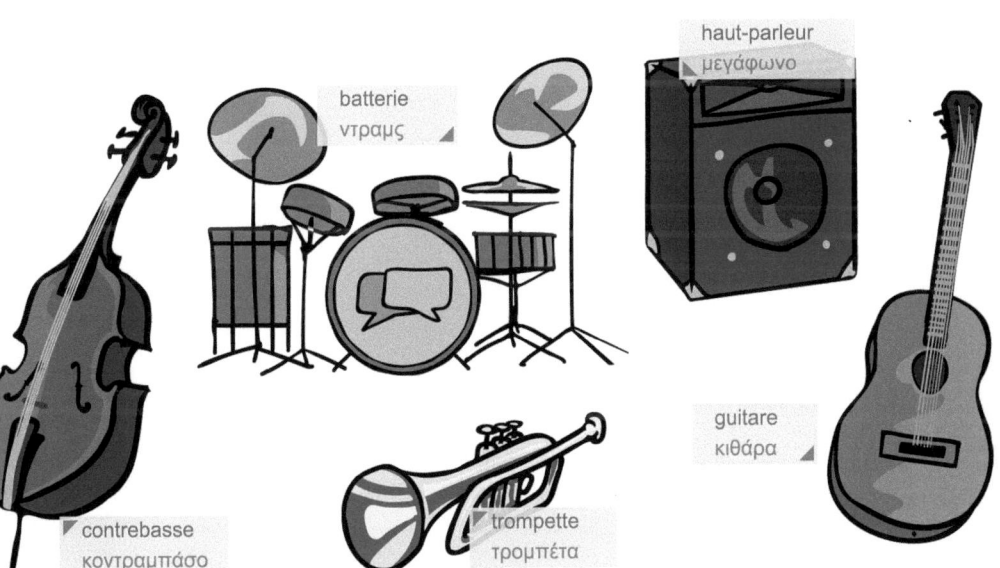

batterie
ντραμς

haut-parleur
μεγάφωνο

guitare
κιθάρα

contrebasse
κοντραμπάσο

trompette
τρομπέτα

piano

πιάνο

violon

βιολί

basse

μπάσο

timbales

τύμπανα

tambour

τύμπανο

piano électrique

πλήκτρα

saxophone

σαξόφωνο

flûte

φλάουτο

microphone

μικρόφωνο

tigre
τίγρης

entrée
είσοδος

cage
κλουβί

zèbre
ζέβρα

alimentation animale
ζωοτροφή

panda
πάντα

animaux

ζώα

éléphant

ελέφαντας

kangourou

καγκουρό

rhinocéros

ρινόκερος

gorille

γορίλας

ours

αρκούδα

chameau

καμήλα

autruche

στρουθοκάμηλος

lion

λιοντάρι

singe

πίθηκος

flamand rose

φλαμίνγκο

perroquet

παπαγάλος

ours polaire

πολική αρκούδα

pingouin

πιγκουίνος

requin

καρχαρίας

paon

παγώνι

serpent

φίδι

crocodile

κροκόδειλος

gardien de zoo

φύλακας ζωολογικού κήπου

phoque

φώκια

jaguar

τζάγκουαρ

poney

πόνυ

léopard

λεοπάρδαλη

hippopotame

ιπποπόταμος

girafe

καμηλοπάρδαλη

aigle

αετός

sanglier

αγριογούρουνο

poisson

ψάρι

tortue

χελώνα

morse

θαλάσσιος ίππος

renard

αλεπού

gazelle

γαζέλα

zoo - ζωολογικός κήπος

american Football
Αμερικάνικο ποδόσφαιρο

cyclisme
ποδηλασία

tennis
αντισφαίριση

basket-ball
μπάσκετ

natation
κολύμβηση

boxe
πυγχαμία

hockey sur glace
χόκεϋ επί πάγου

football

ποδόσφαιρο

badminton

μπάντμιντον

athlétisme

στίβος

handball

χάντμπολ

ski

σκι

polo

πόλο

activités
δραστηριότητες

rire
γελάω
sauter
πηδάω
embrasser
αγκαλιάζω
marcher
περπατάω
chanter
τραγουδάω
rêver
ονειρεύομαι
prier
προσεύχομαι
faire la bise
φιλάω

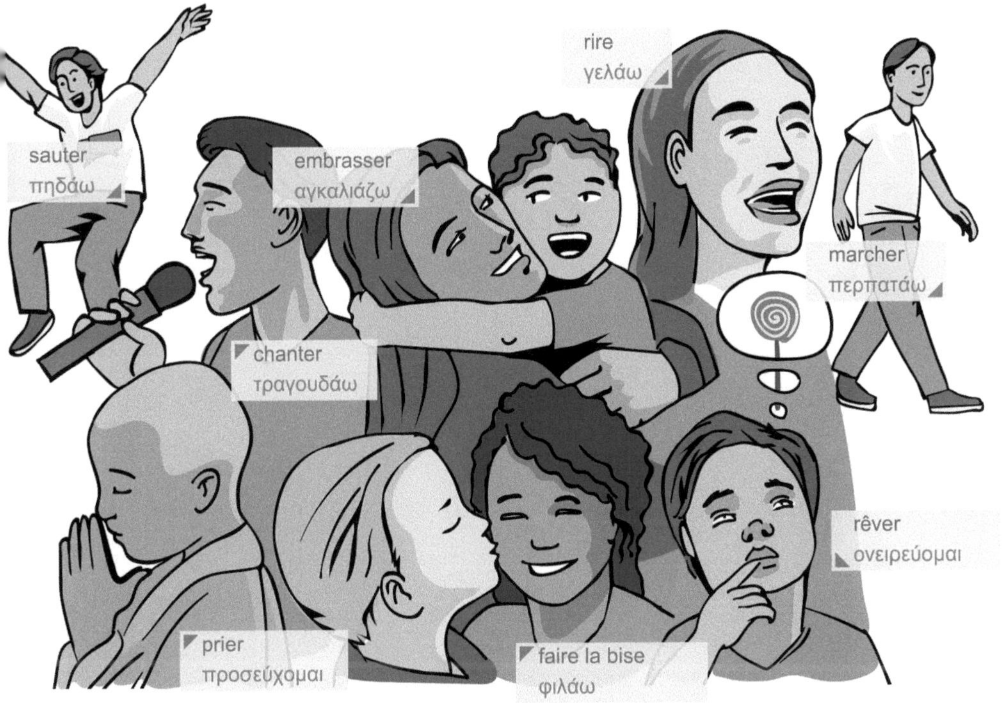

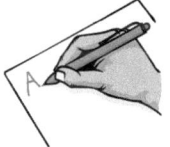

écrire

γράφω

dessiner

σχεδιάζω

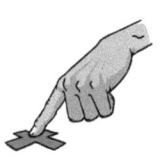

montrer

δείχνω

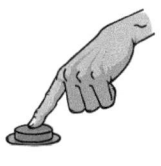

pousser

πιέζω

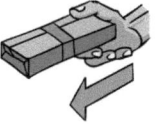

donner

δίνω

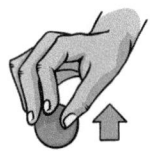

prendre

παίρνω

avoir
έχω

faire
κάνω

être
είμαι

être debout
στέκομαι

courir
τρέχω

trier
τραβάω

jeter
ρίχνω

tomber
πέφτω

être couché
ξαπλώνω

attendre
περιμένω

porter
κουβαλώ

être assis
κάθομαι

s'habiller
φοράω

dormir
κοιμάμαι

se réveiller
ξυπνάω

regarder
κοιτάω

pleurer
κλαίω

caresser
χαΐδεύω

peigner
χτενίζω

parler
μιλάω

comprendre
καταλαβαίνω

demander
ρωτάω

écouter
ακούω

boire
πίνω

manger
τρώω

ranger
συγυρίζω

aimer
αγαπάω

cuire
μαγειρεύω

conduire
οδηγώ

voler
πετάω

activités - δραστηριότητες

faire de la voile

κάνω ιστιοπλοΐα

calculer

υπολογίζω

lire

διαβάζω

apprendre

μαθαίνω

travailler

δουλεύω

se marier

παντρεύομαι

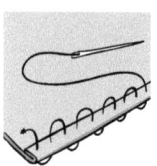

coudre

ράβω

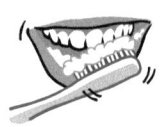

se brosser les dents

βουρτσίζω τα δόντια

tuer

σκοτώνω

fumer

καπνίζω

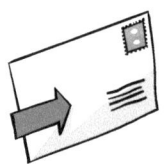

envoyer

στέλνω

grand-mère
γιαγιά

grand-père
παππούς

père
πατέρας

mère
μητέρα

bébé
μωρό

fille
κόρη

fils
γιος

hôte

καλεσμένος

tante

θεία

oncle

θείος

frère

αδελφός

sœur

αδελφή

front
μέτωπο

œil
μάτι

épaule
ώμος

doigt
δάχτυλο

visage
πρόσωπο

menton
πιγούνι

main
χέρι

poitrine
στήθος

jambe
πόδι

bras
βραχίονας

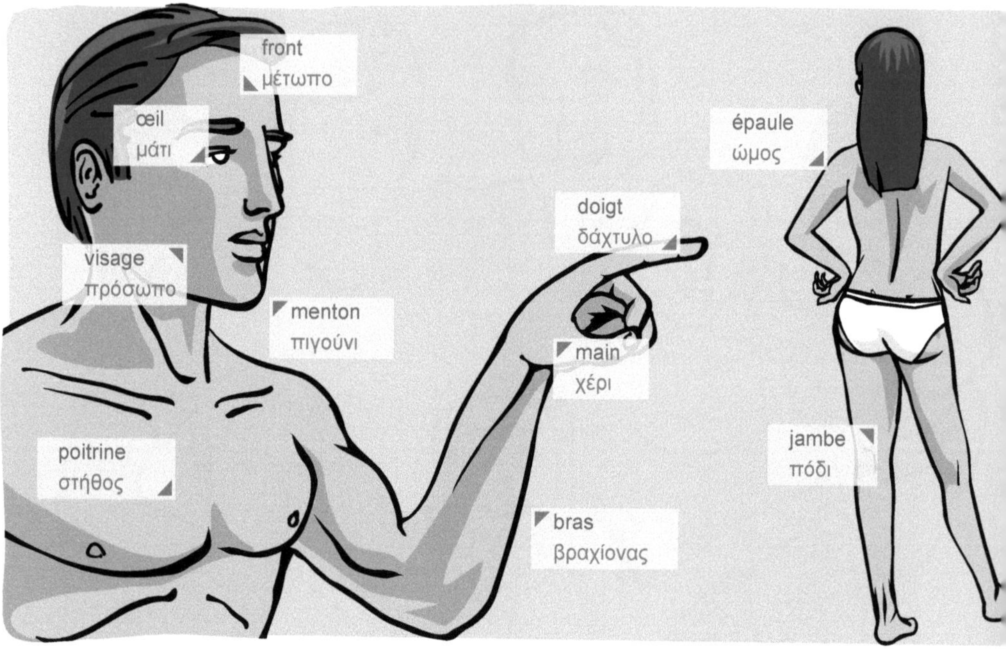

bébé
μωρό

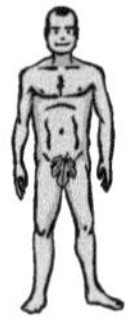

homme
άνδρας

femme
γυναίκα

fille
κορίτσι

garçon
αγόρι

tête
κεφάλι

68

corps - σώμα

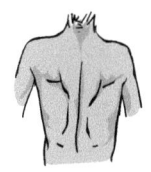

dos
πλάτη

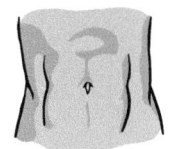

ventre
κοιλιά

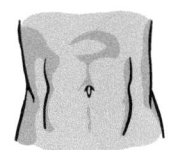

nombril
αφαλός

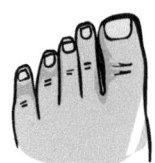

orteil
δάχτυλο ποδιού

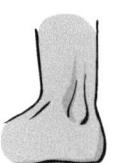

talon
φτέρνα

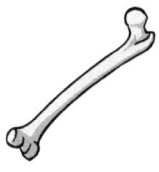

os
κόκκαλο

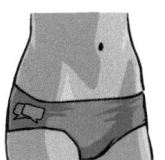

hanche
γοφός

genou
γόνατο

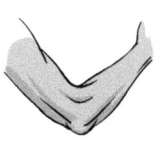

coude
αγκώνας

nez
μύτη

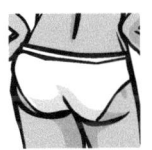

fesses
γλουτός

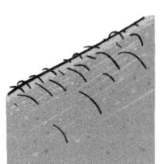

peau
δέρμα

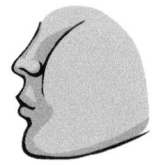

joue
μάγουλο

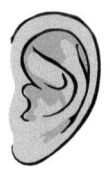

oreille
αυτί

lèvre
χείλος

bouche
στόμα

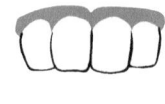

dent
δόντι

langue
γλώσσα

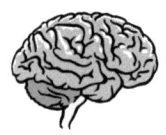

cerveau
εγκέφαλος

cœur
καρδιά

muscle
μυς

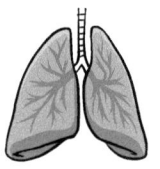

poumons
πνεύμονας

foie
συκώτι

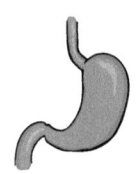

estomac
στομάχι

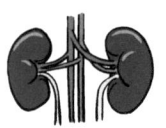

reins
νεφρά

rapport sexuel
σεξουαλική επαφή

préservatif
προφυλακτικό

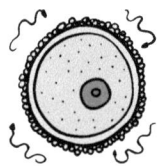

ovule
ωάριο

sperme
σπέρμα

grossesse
εγκυμοσύνη

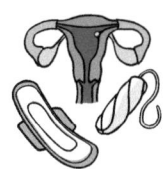

menstruation
περίοδος

vagin
γυναικείος κόλπος

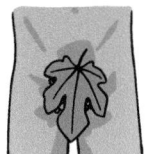

pénis
πέος

sourcil
φρύδι

cheveux
μαλλιά

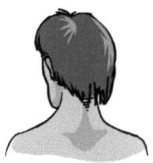

cou
λαιμός

hôpital
νοσοκομείο

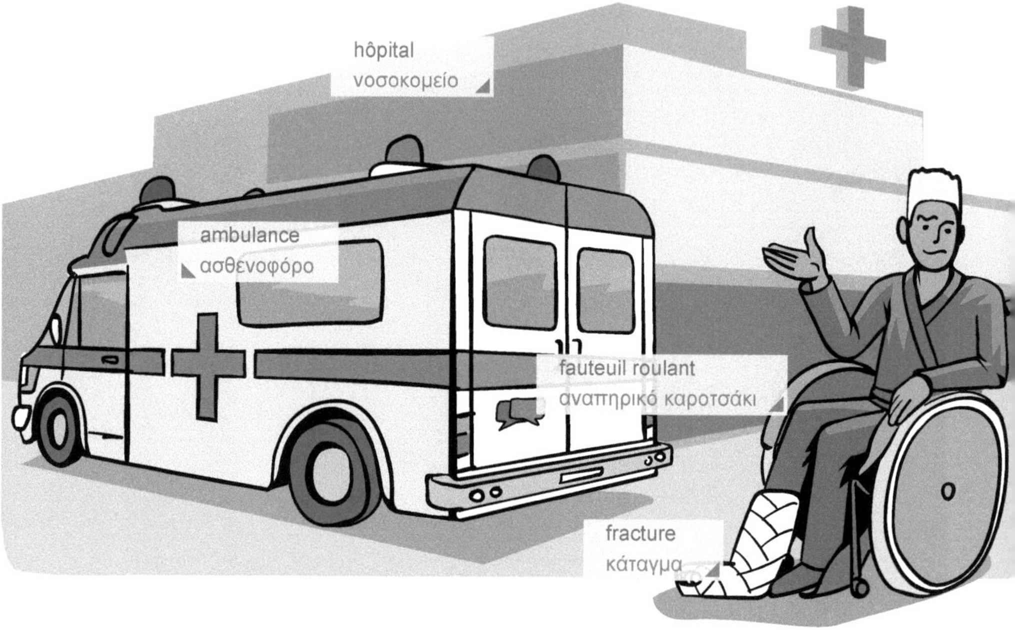

hôpital
νοσοκομείο
ambulance
ασθενοφόρο
fauteuil roulant
αναπηρικό καροτσάκι
fracture
κάταγμα

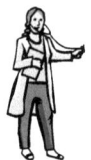

médecin

γιατρός

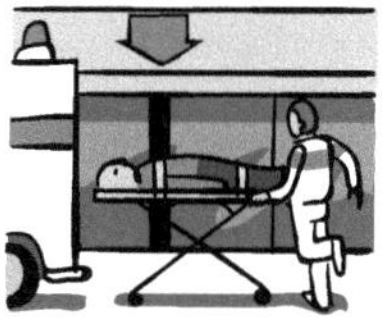

service des urgences

μονάδα εντατικής θεραπείας

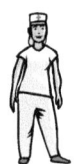

infirmière

νοσοκόμα

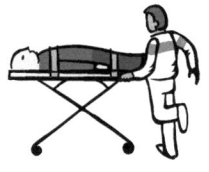

urgence

έκτακτη ανάγκη

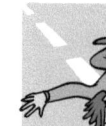

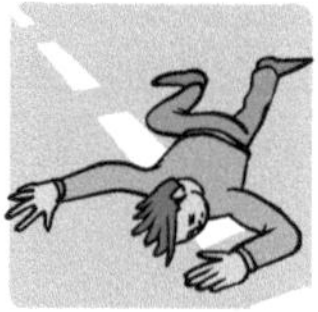

inconscient

λιπόθυμος

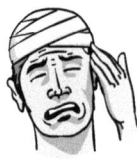

douleur

πόνος

blessure

τραύμα

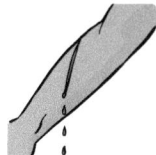

hémorragie

αιμορραγία

crise cardiaque

έμφραγμα

attaque cérébrale

εγκεφαλικό

allergie

αλλεργία

toux

βήχας

fièvre

πυρετός

grippe

γρίπη

diarrhée

διάρροια

mal de tête

πονοκέφαλος

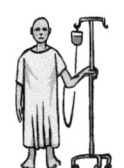

cancer

καρκίνος

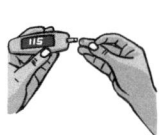

diabète

διαβήτης

chirurgien

χειρουργός

scalpel

νυστέρι

opération

εγχείρηση

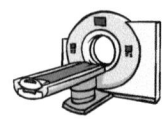

CT

αξονική τομογραφία

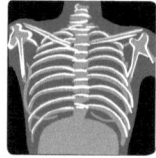

radiographie

ακτινογραφία

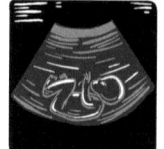

échographie

υπέρηχος

masque

μάσκα

maladie

ασθένεια

salle d'attente

αίθουσα αναμονής

béquille

πατερίτσα

pansement

χάνσαπλαστ

pansement

επίδεσμος

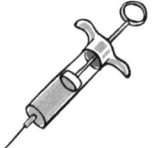

injection

ένεση

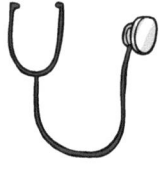

stéthoscope

στηθοσκόπιο

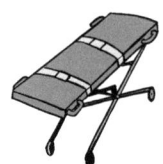

brancard

φορείο

thermomètre

θερμόμετρο

accouchement

γέννηση

surpoids

υπέρβαρο

hôpital - νοσοκομείο

appareil auditif
ακουστικό βαρηκοΐας

désinfectant
αντισηπτικό

infection
λοίμωξη

virus
ιός

VIH / sida
HIV/AIDS

médicament
φάρμακο

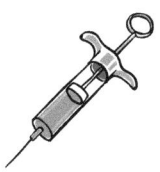

vaccination
εμβολιασμός

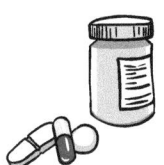

tablettes
δισκία

pilule
χάπι

appel d'urgence
λήση έκτακτης ανάγκης

tensiomètre
πιεσόμετρο αίματος

malade / sain
άρρωστος / υγιής

Au secours!

Βοήθεια!

alarme

συναγερμός

agression

βιαιοπραγία

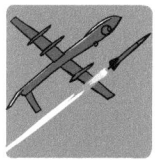

attaque

επίθεση

danger

κίνδυνος

sortie de secours

έξοδος κινδύνου

Au feu!

Φωτιά!

extincteur

πυροσβεστήρας

accident

ατύχημα

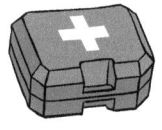

trousse de premier secours

κουτί πρώτων βοηθειών

SOS

SOS

police

αστυνομία

Europe

Ευρώπη

Amérique du Nord

Βόρεια Αμερική

Amérique du Sud

Νότια Αμερική

Afrique

Αφρική

Asie

Ασία

Australie

Αυστραλία

Océan atlantique

Ατλαντικός Ωκεανός

Océan pacifique

Ειρηνικός Ωκεανός

Océan indien

Ινδικός Ωκεανός

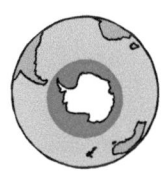

Océan antarctique

Ανταρκτικός Ωκεανός

Océan arctique

Αρκτικός Ωκεανός

Pônord

Βόρειος Πόλος

Pôsud

Νότιος Πόλος

Antarctique

Ανταρκτική

terre

Γη

pays

γη

mer

θάλασσα

île

νησί

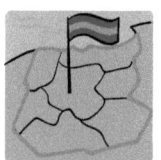

nation

έθνος

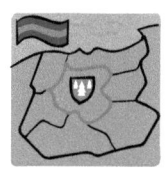

état

πολιτεία

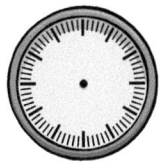

cadran

καντράν ρολογιού

aiguille des heures

ωροδείκτης

aiguille des minutes

λεπτοδείκτης

aiguille des secondes

δείκτης δευτερολέπτων

Quelle heure est-il?

Τι ώρα είναι;

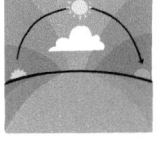

jour

ημέρα

temps

χρόνος

maintenant

τώρα

montre digitale

ψηφιακό ρολόι

minute

λεπτό

heure

ώρα

semaine
εβδομάδα

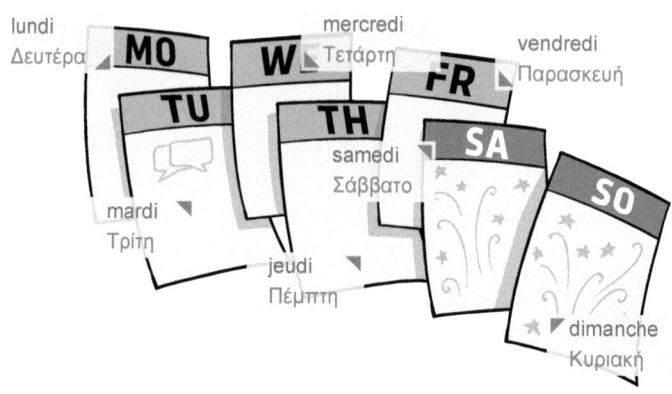

lundi
Δευτέρα

MO

mardi
Τρίτη

TU

mercredi
Τετάρτη

W

jeudi
Πέμπτη

TH

samedi
Σάββατο

SA

vendredi
Παρασκευή

FR

dimanche
Κυριακή

SO

hier
χθες

aujourd'hui
σήμερα

demain
αύριο

matin
πρωί

midi
μεσημέρι

soir
βράδυ

jours ouvrables
εργάσιμες ημέρες

week-end
Σαββατοκύριακο

année
έτος

pluie
βροχή
arc-en-ciel
ουράνιο τόξο
neige
χιόνι
vent
άνεμος
printemps
άνοιξη
automne
φθινόπωρο
été
καλοκαίρι
hiver
χειμώνας

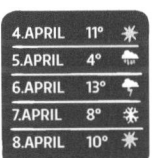

4.APRIL 11°
5.APRIL 4°
6.APRIL 13°
7.APRIL 8°
8.APRIL 10°

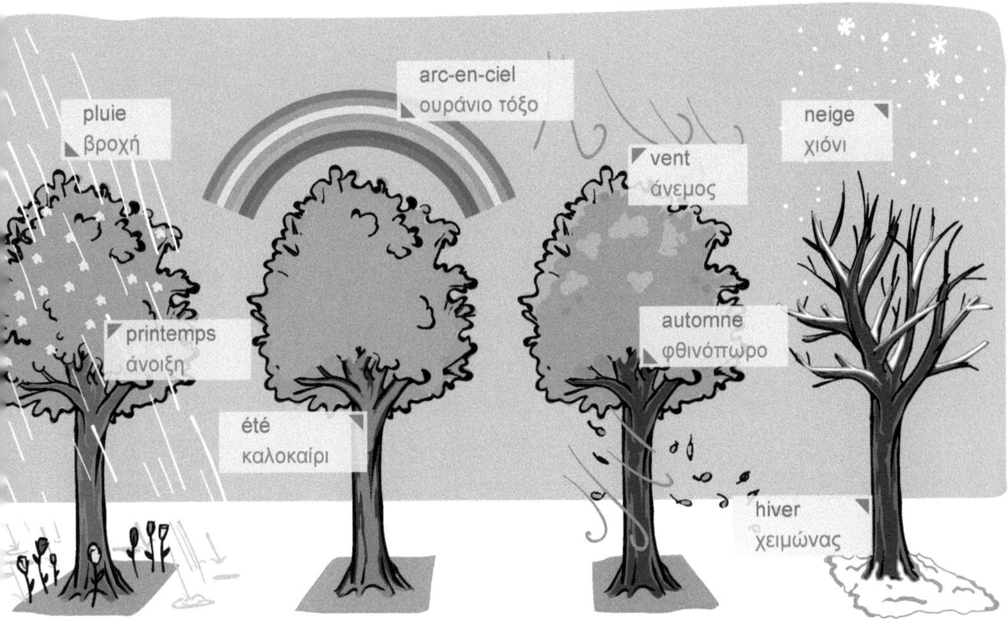

météo

πρόγνωση καιρού

F
C
120
90
60
30
0
-30
40
30
20
10
0
-10
-20

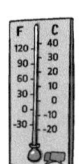

thermomètre

θερμόμετρο

lumière du soleil

λιακάδα

nuage

σύννεφο

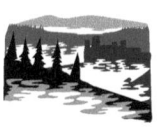

brouillard

ομίχλη

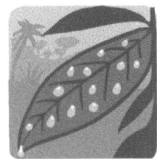

humidité

υγρασία

foudre
αστραπή

tonnerre
κεραυνός

tempête
καταιγίδα

grêle
χαλάζι

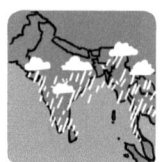

mousson
μουσώνας

inondation
πλημμύρα

glace
πάγος

janvier
Ιανουάριος

février
Φεβρουάριος

mars
Μάρτιος

avril
Απρίλιος

mai
Μάιος

juin
Ιούνιος

juillet
Ιούλιος

août
Αύγουστος

année - έτος

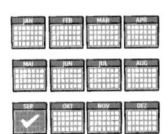

septembre
....
Σεπτέμβριος

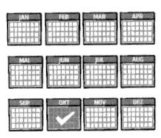

octobre
....
Οκτώβριος

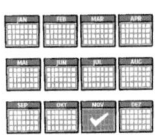

novembre
....
Νοέμβριος

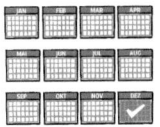

décembre
....
Δεκέμβριος

formes
σχήματα

cercle
....
κύκλος

carré
....
τετράγωνο

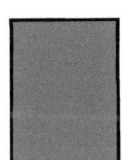

rectangle
....
ορθογώνιο
παραλληλόγραμμο

triangle
....
τρίγωνο

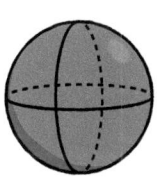

sphère
....
σφαίρα

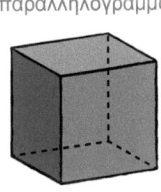

cube
....
κύβος

blanc
άσπρο

jaune
κίτρινο

orange
πορτοκαλί

rose
ροζ

rouge
κόκκινο

violet
μωβ

bleu
μπλε

vert
πράσινο

marron
καφέ

gris
γκρι

noir
μαύρο

beaucoup / peu

πολύ / λίγο

fâché / calme

θυμωμένος / ήρεμος

joli / laid

όμορφος / άσχημος

début / fin

αρχή / τέλος

grand / petit

μεγάλος / μικρός

clair / obscure

φωτεινός / σκοτεινός

frère / sœur

αδελφός / αδελφή

propre / sale

καθαρός / λερωμένος

complet / incomplet

πλήρης / ατελής

jour / nuit

ημέρα / νύχτα

mort / vivant

νεκρός / ζωντανός

large / étroit

φαρδύς / στενός

comestible / incomestible

βρώσιμος / μη βρώσιμος

méchant / gentil

κακός / ευγενικός

excité / ennuyé

ενθουσιασμένος / βαριεστημένος

gros / mince

παχύς / λεπτός

premier / dernier

πρώτος / τελευταίος

ami / ennemi

φίλος / εχθρός

plein / vide

γεμάτος / άδειος

dur / souple

σκληρός / μαλακός

lourd / léger

βαρύς / ελαφρύς

faim / soif

πείνα / δίψα

malade / sain

άρρωστος / υγιής

illégal / légal

παράνομος / νόμιμος

intelligent / stupide

έξυπνος / χαζός

gauche / droite

αριστερός / δεξιός

proche / loin

κοντινός / μακρινός

nouveau / usé

καινούριος / μεταχειρισμένος

rien / quelque chose

τίποτα / κάτι

vieux / jeune

γέρος | νέος

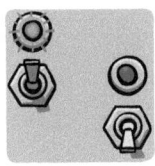

marche / arrêt

αναμμένος / σβηστός

ouvert / fermé

ανοιχτός / κλειστός

faible / fort

χαμηλόφωνος / μεγαλόφωνος

riche / pauvre

πλούσιος / φτωχός

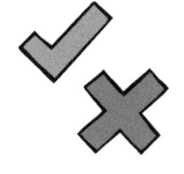

correct / incorrect

σωστός / λανθασμένος

rugueux / lisse

τραχύς / λείος

triste / heureux

υπημένος / χαρούμενος

court / long

κοντός / μακρύς

lent / rapide

αργός / γρήγορος

mouillé / sec

υγρός / στεγνός

chaud / froid

ζεστός / δροσερός

guerre / paix

πόλεμος / ειρήνη

0

zéro

μηδέν

1

un

ένα

2

deux

δύο

3

trois

τρία

4

quatre

τέσσερα

5

cinq

πέντε

6

six

έξι

7

sept

εφτά

8

huit

οκτώ

9

neuf

εννιά

10

dix

δέκα

11

onze

έντεκα

12

douze
δώδεκα

13

treize
δεκατρία

14

quatorze
δεκατέσσερα

15

quinze
δεκαπέντε

16

seize
δεκαέξι

17

dix-sept
δεκαεφτά

18

dix-huit
δεκαοκτώ

19

dix-neuf
δεκαεννέα

20

vingt
είκοσι

100

cent
εκατό

1.000

mille
χίλια

1.000.000

million
εκατομμύριο

nombres - αριθμοί

anglais

Αγγλικά

anglais américain

Αμερικάνικα Αγγλικά

chinois mandarin

Μανδαρίνικα Κινέζικα

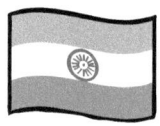

hindi

Χίντι

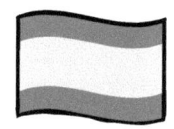

espagnol

Ισπανικά

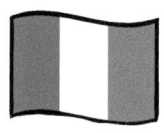

français

Γαλλικά

arabe

Αραβικά

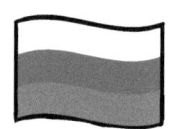

russe

Ρώσικα

portugais

Πορτογαλικά

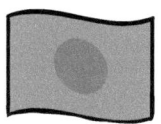

bengali

Μπενγκάλι

allemand

Γερμανικά

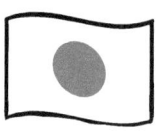

japonais

Ιαπωνικά

je

εγώ

tu

εσύ

il / elle

αυτός / αυτή / αυτό

nous

εμείς

vous

εσείς

ils / elles

αυτοί / αυτές / αυτά

qui?

ποιος / ποια / ποιο;

quoi?

τι;

comment?

πώς;

où?

πού;

quand?

πότε;

nom

όνομα

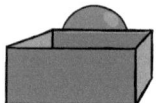

derrière

πίσω

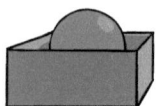

dans

μέσα

devant

μπροστά

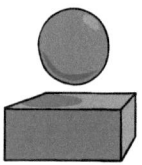

au-dessus

πάνω από

sur

πάνω

en-dessous

κάτω

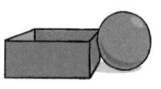

à côté de

δίπλα

entre

ανάμεσα

lieu

μέρος